U0653546

跨境并购：迷思与真相

本书编委会　　组　编

编　　委　　张海濛
　　　　　　徐浩洵
　　　　　　华强森（Jonathan Woetzel）
　　　　　　梁敦临（Nicolas Leung）
　　　　　　王磊智（Glenn Leibowitz）

执 行 主 编　　林　琳

上海交通大学出版社
SHANGHAI JIAO TONG UNIVERSITY PRESS

内容提要

中国跨境并购尚处于长期增长通道的初始阶段，将来，中国企业有望成为全球并购市场的主角，跨境交易必将大幅增加。本书以跨境并购为主题，剖析了中企跨境并购的五大迷思及其真相，并对中企跨境并购十年历程进行了回顾，对其中失败案例的原因进行了总结，并认为中资企业拥有无限的机会去尝试和冒险。中国跨境并购的资金运作和流向是各方感兴趣的话题，本书也对此进行了探讨。

此外，本书还涉及数字化战略、产业新动态、领导力提升以及麦肯锡每年都要推出的中国经济年度预测。

本书可供企业管理者参考、阅读。

图书在版编目（CIP）数据

跨境并购：迷思与真相 / 《跨境并购：迷思与真相》编委会组编.— 上海：
上海交通大学出版社，2017
ISBN 978-7-313-16848-1

Ⅰ.①跨… Ⅱ.①跨… Ⅲ.①企业兼并–跨国兼并–研究–中国 Ⅳ.①F279.247

中国版本图书馆CIP数据核字(2017)第058196号

跨境并购：迷思与真相

组　　编：	《跨境并购：迷思与真相》编委会			
出版发行：	上海交通大学出版社	地　　址：	上海市番禺路951号
邮政编码：	200030	电　　话：	021-64071208
出 版 人：	郑益慧		
印　　制：	上海景条印刷有限公司	经　　销：	全国新华书店
开　　本：	889mm×1194mm 1/16	印　　张：	5
字　　数：	79千字		
版　　次：	2017年4月第1版	印　　次：	2017年4月第1次印刷
书　　号：	ISBN 978-7-313-16848-1/F		
定　　价：	48.00元		

McKinsey Quarterly

2017 Number1

导 读

中国企业的跨境并购大时代正在来临。中国已经取代美国成为全球跨境并购的最大收购国，这一股并购热潮在不景气的全球经济中，引起了广泛的关注。我们相信，中企的跨境并购尚处于长期增长通道的初始阶段。将来，中国企业有望成为这一市场的主角，跨境交易必将大幅增加，对中国和世界经济形成双赢。本辑《跨境并购：迷思与真相》重点探讨了五大认知误区、跨境并购史，以及资金运作和流向等热门话题。

中企跨境并购的风声水起，引来了媒体的喧嚣报道，在这背后存在着较为普遍的认知误区。David Cogman、Nick Leung和高旭在《中企跨境并购五大迷思与真相》一文中，逐一分析了普遍存在的五大迷思。作者认为，买家和卖家都要提前做出调整，互相适应和磨合。中国企业需要跨境并购带来的品牌、渠道、技术和人脉，被投资方也能享受中国市场的快速创新、广大市场和成本优势。长期来看，中国参与全球并购交易是多方共赢的好事。

《中企跨境并购十年回顾》仔细梳理了中国企业跨境并购史。两位作者指出，中企过去十年的跨境并购成绩并不如意。约60%的交易，近300宗约合3000亿美元，并没有为中国买家创造实际价值。大部分交易并没有切实达到原定目标，最主要的原因是时机选择错误。另一个原因是中企欠缺并购后整合能力。如今，随着精通国际运营的管理人才越来越多，该情况发生了变化。更多企业选择参与深度整合，它们既认识到积极管理被收购企业的重要性，同时也认可不同文化和运营模式之间的差异。而这样的改变将成为新常态。

中企跨境并购的资金运作和流向是多年来各方感兴趣的话题。很多境外企业想当然地认为中国企业的资金用之不尽，并且资本供给或多或少反映着国家政策方向。在《中企跨境并购融资术》一文中，作者对至少与一家基金紧密合作的战略投资者的境外收购进行了深入考察。分析结果表明，目前资金主要还是来自传统银行系统，企业/基金的联合投资日益增多，体现了双方互补的需求。实际上，基金与战略投资者的联合呈现出某种有趣的规律，那就是投资动力主要为商业利益而非政策。

在本辑您还将读到简约创新、基础教育公益组织、数字化采购、中国航空业和能力提升等多篇文章。

祝您开卷愉快！

本书编辑部

跨境并购

数字化机遇

产业动态

跨境并购

网络分享

关注《麦肯锡季刊》中文微博，我们在

http://e.weibo.com/mckinseyquarterlycn

ID:麦肯锡季刊

麦肯锡大中华区网站的《麦肯锡季刊》专栏

http://www.mckinsey.com.cn/insights/麦肯锡季刊/

能力提升

中企跨境并购五大迷思与真相

David Cogman, **Nick Leung**, **高旭**

中国企业跨境并购尚处于长期增长通道的初级阶段。将来，中企有望成为全球并购市场的主角，跨境交易必将大幅增加。从本文所述的五大迷思来看，中国参与全球并购交易，确实是多方共赢的好事。

2016年中企跨境并购交易金额高达2270亿美元，是境外企业在华收购额的6倍。中企跨境并购数量在过去五年稳步增长，年增幅达到33%。2016年全球前十大并购案屡屡出现中国巨头（中国化工以470亿美元收购先正达当前仍处于监管审批中），且几宗最具争议的交易都有中企的身影，如安邦对喜达屋高调发起收购要约，最终万豪将价格提高了4亿美元才胜出。

媒体的喧嚣报道难以掩盖中企跨境并购的五大迷思。下面让我们逐一分析。

迷思之一：充足的廉价资本

理论上说，当下中国充足的廉价资本为中企跨境并购提供了雄厚的经济基础。中国有3万亿美元外汇储备，掌管着全球第二大的主权基金，还有全球最大的四家银行（按资产计算）。正是有了这些支持，中国企业在跨境收购时才有底气和实力拿下数宗超大型收购交易。

分析中企并购热潮的重要之处是认识充足资本的作用。中国近年跨境并购金额激增，从2010年的490亿美元飙升到了2016年的2270亿美元，但绝对值仍然处于低位。2015年，中企的跨境并购金额占到GDP的0.78%，而欧盟企业这个数字是1.22%，美国企业为1.16%。如此看来，中国尚处在长期增长通道的初级阶段。

然而，那些抢占头条的大型并购案并不具有代表意义。中企跨境并购大多由中型公司主导，过去三年的交易规模中值只有3000万美元，而且大多数交易并非高溢价收购。当然，与欧美企业相比，中国企业的估值体系可能不同。上海证交所上市的非国有企业2016年平均市盈率为64倍。考虑到中国买家有能力以此较高的估值筹集股权资本，斥巨资购买境外资产或许也不失为理性之举。

值得注意的是，中国买家的并购资金通常并非来自本国。欧美银行提供了许多高杠杆并购案的资金。在过去三年全球排名前100的跨境并购案中，有两宗大型并购案是向外国银行财团举债融资完成的。中国买家自然也利用了高杠杆，比如先正达收购案，470亿美元交易金额中举债127亿美元。中国企业更多是向银行举债而非公开权益市场，所以比起西方企业，多数中国企业对高杠杆更能处之泰然。

迷思之二：政府的隐形之手

坊间一直传说有个政府背景的智囊团指导企业行动，而近期跨境收购交易的背后推手就是此智囊团。

虽然政府的确喜欢指导企业，但这种说法言过其实了。中央政府制定了政策框架，即使国企高管跟着政策走有利于晋升，但是他们非常清楚要对自己所做的决策负责。除了极少数交易案，中企高管做出的并购决策均是出于商业利益考虑。

当然，跟着政策走肯定是有好处的。批文下得快，贷款早到位，有时政府还会暗示其他买家退场，以确保只有一家中国企业竞争。近年在一些行业，特别是半导体行业，企业想要发起收购是颇有压力的。即使某些收购案符合产业政策，也多半是因为这些政策符合相关企业的利益。而像五年规划这类政策的制定，背后或多或少会有对大型国企的考量。可是每宗并购，无论是前期找标的还是交割后执行，概由企业自己负责。

政府之手可从政府投资基金的运作中寻找答案。中央政府出资的有丝路基金、非洲基金和中投公司。若真有隐形之手在操纵并购，政府完全可以与企业联合投资。事实上这种情况很少发生。例如，虽然有诸多融资项目，丝路基金也只投过一家公司。

若论政府出资的基金，只有中投境外投资比较多。但这些皆为组合投资，纯粹出于商业利益考虑，并且很大一部分投资是以固定收益证券和基金的形式存在。

迷思之三：转移资产的捷径

从2005到2014年，人民币兑美元汇率一直在上升，之后汇率下跌，增长乏力，企业管理者开始想办法把资金转到境外，跨境收购则提供了一条捷径。如此说来，是否境外大型知名资产的收购——比如酒店、大城市房产等高额收购案——不过只是企业在转移资产呢？

资本外流的确在发生，渠道也是多种多样，跨境收购只是其中之一。中国政府也一直在努力堵漏洞。关键在于，资本外流是否就是并购激增的主要推手？2015到2016年间，跨境并购数量增加了125%，而前五年仅为7%~41%。其中一些房地产交易类，很明显只是中国买家的分散投资之举。即便如此，跨境并购的增长多年前就开始了，绝不是从2014年才发生，所以资本外流在过去几年只是辅因，而绝非主因。

迷思之四：猜不透的中国买家

但凡有中国买家参与的并购，总是会让很多境外卖家头疼。因为中国买家的想法让人猜不透，看起来并不很理性，而且资金来源和重点不明确，意图也不清晰。

其实不理性的背后往往有着缜密的分析和决策，这些是卖家所不了解的。对中国买家而言，特别是国企，并购之前需要与公司内外所有利益相关方进行商讨，只是卖方的中间人不一定有能力或者意愿去解释中国买家方方面面的考量。

而中方买家总是会质疑并购标准流程，认为对己不利。这套标准流程限制买家与目标公司私下沟通，旨在为所有买家创造公平竞争的机会。然而，中国人最擅长与对方一对一商谈和建立关系。除此之外，许多中方管理者对这套流程并不熟悉，不知道如何应用。好在这种情况正在迅速改变，越来越多的民营企业聘用了具备境外经验的业务发展人才。但是总的说来道阻且长。

事实上，不少跨境并购是出于发展所需。对于国内市场增长放缓的中国企业来说，迫切需要通过并购获得国外的品牌、技术和市场渠道。因此，卖方所得到的中国买家信息往往含混不清，难以解读，常把这些当成"文化差异"，实则为中国买家的独特之处。

迷思之五：不重视并购后整合

看起来，并购后整合好像并不受中国买家重视，除了保留原高管层。留用的高层往往也喜出望外，因为自主权很大。这就容易给人造成一种印象：中国买家对后续整合不感兴趣。

相比欧美企业，中国企业对并购后管理更愿意采取放手策略。但这主要是因为过去中国企业的整合能力不足，缺乏有国际经验的储备人才，而不是不想管。也正是如此，在过去十年，中国企业的跨境并购成绩喜忧参半[1]。

对于大多数西方企业，并购后整合管理再清晰不过，速度至上，精简人员和职能部门、求协同。而中国人的整合管理则以求稳为上，允许独立运营，聚焦一两个重要领域谋求协同增效，比如研发共享或者将产品在中国制造以削减成本。

十年并购史表明，后续整合往往决定了交易的成败。有的后续整合以有组织、成系统的方式进行；而有的收购方并不"插手"被收购方的运作，仅通过董事会"遥控"，把收购标的视作财务投资。结果一般是前者收获更多。

其实，无论是获取能力、进军境外市场、购买品牌还是技术，都是站得住脚的逻辑。如果没有好的计划去实现既定目标，协同增效永远只是纸上谈兵。现在越来越多的中国企业意识到了这点，在交易的前期就着手制定具体的整合计划。对于大多数中国收购方来说，瓶颈就是构建一支拥有跨境运营和整合后管理经验的团队。此事知易行难。这支团队需要具备丰富的职能经验，要有工程师和技术人才来支持技术转移或技术购买，要有市场营销人才支持交叉

---

1 参见本专题其他文章。

销售，IT人才支持平台合并。团队成员还得掌握标的企业所在国的语言和沟通能力。难度可想而知，比如会说意大利语的中国航空航天工程师绝对是凤毛麟角。

• • •

从本文所述的五大迷思来看，中企跨境并购尚处于长期增长通道的初始阶段。将来，中企有望成为全球并购市场的主角，跨境交易必将大幅增加。因此，买家和卖家都要提前做出调整，互相适应和磨合。中企需要跨境并购带来的品牌、渠道、技术和人脉，被投资方也能享受中国市场的快速创新、广大市场和成本优势。长期来看，中国参与全球并购交易，确实是多方共赢的好事。Ⓠ

David Cogman为麦肯锡全球董事合伙人，常驻香港分公司；
Nick Leung为麦肯锡全球资深董事合伙人，常驻北京分公司；
高旭为麦肯锡全球资深董事合伙人，常驻香港分公司。

中企跨境并购十年回顾

David Cogman，**Gordon Orr**

> 中国买家的表现参差不齐，大部分交易并没有切实达到原定目标，最主要的失败原因是时机不对和并购后整合能力欠缺。

十年前，联想收购了IBM个人电脑业务，那是中国企业第一宗大型跨境收购案。此后，中国已累计达成超过500宗1亿美元以上的并购交易。如今，中国财务投资者与战略投资者已经成为国际交易市场的常客。

2008年后，关于中企跨境投资影响力的讨论有很多，关注点主要集中在卖方所受到的影响，例如中国资本是否抬高了标的价格、标的所在国是否应当警惕中国买家，或是讨论资本外流对中国宏观经济发展产生的影响等。这些问题固然值得讨论，但我们更应关注买方，例如跨境投资是否成功？是否为公司创造了价值？如果没有，原因是什么？

本文仔细梳理了中国企业跨境并购史。中国买家的表现参差不齐，大部分交易并没有切实实现原定目标，最主要的原因是时机选择错误，这一点是所有企业都很难把握的。另一个原因是中企欠缺并购后整合能力。

过去，多数中国买家在交易达成后的投后管理能力有限，因此并购难以带来协同效应或真正的运营整合。但如今，随着精通国际运营的管理人才越来越多，该情况将不复存在。更多企业选择参与深度整合，它们既认识到积极管理被收购企业的重要性，同时也认可不同文化和运营模式之间的差异。我们认为，这样的改变将成为新常态。

评估历史交易情况

评估一宗收购案是否"成功"肯定是主观的，因为我们永远不会知道如果没有此项收购，买卖双方现在会是什么情形。交易完成后，股价的短期变化只能反映市场是否看好这宗收购，却无法反映真实的执行情况。因此，要真正评估一宗交易是否成功，我们必须追根溯源，看看当初交易双方定下的目标是否得以实现。

根据这个标准，中企过去十年的跨境并购成绩并不如意。约60%的交易，近300宗，约合3000亿美元，并没有为中国买家创造实际价值。

资源类交易的诅咒

收益最差的当属2000年代后期的能源类收购项目。2008年之前的十年间，中国的能源进口价格的复合年均增长率达18%。能源进口被视为企业国际竞争力的结构性问题，也关乎国家安全。

因此，过去十年间43%的交易（即217宗，占中国对外投资总额的56%）与自然资源相关。其中，80%的交易发生在2013年之前，当时大宗商品价格飙升，直到2013年达到峰值。其余20%发生在之后三年价格回落之时，因为价格下跌被视为买进良机。然而，在大多数交易达成后，大宗商品价格都维持在低于收购价的水平。在我们研究的交易中，84%的交易（占总交易额的89%）并没有为收购者创造收益，平均亏损为期初投资的10%，有的亏损甚至高达25%（见图1）。

图1 资源类并购交易分类

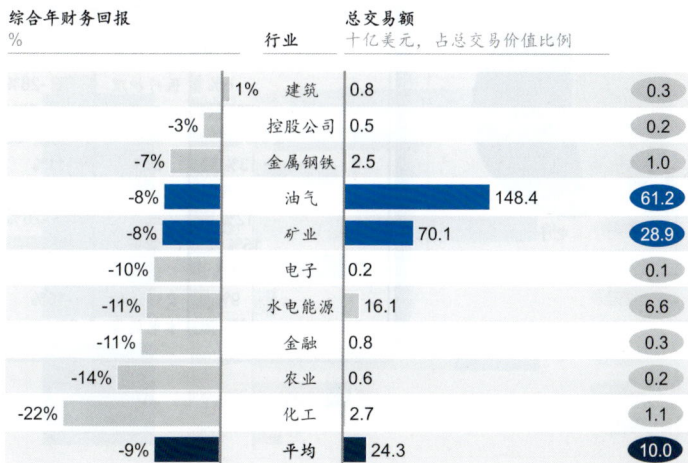

综合年财务回报 %	行业	总交易额 十亿美元，占总交易价值比例	
1%	建筑	0.8	0.3
-3%	控股公司	0.5	0.2
-7%	金属钢铁	2.5	1.0
-8%	油气	148.4	61.2
-8%	矿业	70.1	28.9
-10%	电子	0.2	0.1
-11%	水电能源	16.1	6.6
-11%	金融	0.8	0.3
-14%	农业	0.6	0.2
-22%	化工	2.7	1.1
-9%	平均	24.3	10.0

以上信息勾勒出了一张负面的全局图。505宗中国企业跨境并购交易中（总值4320亿美元），200宗约1460亿美元的交易完成了既定目标。然而，这些交易恰恰是在大部分企业都能从并购中获利的时期。2008年后，资金成本创下历史新低，股票市场在几十年来首次有利于企业收购，便宜的资金可转化为具有生产力的资产。特别是亚洲买家，常常因收购而得到投资者的热烈追捧。比如说，相比欧洲的并购交易，市场普遍认为亚洲的并购交易能够创造更高价值，因此股价涨幅更大。

整合难题

那么并购失败的原因究竟是什么呢？首要可控败因是没有做好投后整合。很多并购案例中，中国买家都迟迟不愿在交割后主持大局。

另外，中国企业并没有比其他买家支付更高的溢价。去年，中国买家支付的平均溢价是25%，而全球跨境交易的平均溢价则是32%。虽然低于均值，但溢价必须要求协同效应，只有积极开展投后管理，才可能实现协同效应。这一点是中国企业的挑战。

2010年至今，多数中国企业管理跨境资产的能力非常有限。一些具备境外经验的中方高管能力又往往局限于销售和采购领域。拥有丰富跨境业务运营经验的人才极少，在薪资标准偏低的国企就更少。除了需要跨境运营经验，管理者还必须熟悉收购标的所在国的语言和商业文化。

下一步怎么走？

中国企业跨境投资仍处于初级阶段，未来十年的投资额将会翻几番。2015年，中国企业跨境并购额占GDP的0.78%，而美国为1.16%，欧盟国家为1.22%。另外，美国企业和欧盟企业的投资金额（按美元计）分别是中国企业的2.8倍和2.4倍。2015年，中国企业在国内的收购额高达6120亿美元。如今，中国企业正处于长期增长的开端，过去十年的成功与失败都是宝贵经验。

过去十年的并购经验告诉我们，成功不仅需要决策正确，更需要好运气，尤其不能忽视后者。如果能源类并购早几年或者晚几年发生，很可能就会大获成功。然而，时机基本不可控，管理者能做的就是把握好交易后的每一步行动，这才是他们应该关注的重点。

中资企业往往花很大气力研究行情、预测价格和需求，也就是说押在了运气上。其实应该花更多时间研究并购后的整合问题，因为这才是企业可以自主掌控的。

• • •

我们对中国企业跨境并购继续持乐观态度。中企拥有无限的机会去尝试和冒险，再从错误中吸取教训。正因为如此，他们也能够取得外国收购方那样的成功。学习阶段即将结束，是时候将所学付诸行动了。Ⓠ

David Cogman为麦肯锡全球董事合伙人，常驻香港分公司；
Gordon Orr从麦肯锡全球资深董事合伙人一职荣誉退休，现任麦肯锡外部资深顾问。

中企跨境并购融资术

David Cogman, Arthur Shek

中企跨境并购的资金运作和流向是多年来各方感兴趣的话题。目前资金主要还是来自传统银行系统，企业/基金的联合投资日益增多，体现了双方互补的需求。

中企跨境并购的资金运作和流向是多年来各方感兴趣的话题。 2010年之前，中企很少对国际并购进行投标。近年来中国买家越来越多地出现在了重大收购交易之中，如中国化工集团收购美国农化巨头先正达、安邦保险竞购喜达屋等等。

很多境外企业想当然地认为中国企业的资金用之不尽，而资本供给或多或少反映着政策方向。近几年这种看法似乎得到了佐证：五年间中国投资成立了超过5500家基金，总资本规模逾3000亿美元，其中很多基金有意支持跨境并购。这样自然会引起一些疑问：标的资产是否会被抬高至不切实际的水平？财务投资者的支持是否会改变战略投资者的交易？

我们对至少与一家基金紧密合作的战略投资者的境外收购进行了深入考察。从2013至2016年，战略投资者联手基金（一方或双方来自中国）的交易为249宗。分析结果表明，交易估值并没有想象的那么高。实际上，基金与战略投资者的联合呈现出某种有趣的规律，那就是投资动力主要为商业利益而非政策。

两种类型的合作

近四年的交易大致可分为两类：中方主导型，即以中国战略投资者的利益所驱动的交易；外方主导型，大多数以发展初期的企业为并购标的。

中方主导型交易指至少涉及一家中国基金和一个中国战略投资者，此类交易数量不及交易总量的三分之一，但收购规模较大，每宗平均交易额达5.39亿美元，且投资对象多为成熟的境外老牌企业。平均每宗交易有三家中方企业联合出资，偶尔也有境外投资者参与，但几乎无一例外是由中资企业主导，各类基金提供融资和交割支持。境外投资者即使参与，通常也是基金：涉及境外投资者的交易中，22宗有境外财务投资者，只有13宗有境外战略投资者的身影。

其余的为外方主导型交易，大多数中方投资者只有1家，且多为战略投资者而非基金，而境外投资者平均有4个。早期与成长性风险投资占比超过总值的70%，平均交易规模仅为9000万美元。

拉动联合投资收购增长的引擎显然是中方主导型交易。三年来，这类交易在交易总量的占比由18%增至36%，在交易总额的占比由11%激增至87%。其中，中方为唯一投资者的交易规模更大，平均交易额达6.14亿美元，20宗交易中有18宗收购了超过90%的股权。

在大型交易中，卖家愈发重视中资企业带来的利益。2015—2016年规模最大的5宗交易中，4宗标的公司管理层（意大利倍耐力轮胎、以色列Playtika游戏公司、美国Lexmark打印机及多功能机公司和德国克劳斯-玛菲机械集团）制定了具体明确的方案，希望凭借交易能提高中国或亚洲市场的营收。再如地中海俱乐部决定接受中国复星集团投资时，再三强调打入中国境外游市场是其增长战略的一部分。

小型交易的情况有很大不同。180宗外方主导型交易中，有172宗交易的投资对象为发展初期企业，中方投资者扮演的角色更像是乘客而非司机。境外投资者远超中国投资者，两者之比达4:1。除了这类风险投资，则与之相反，境外投资者与中国投资者之比为1:2，8宗交易中有3宗的收购方获得了多数股权。这类交易大多选择能够提供本土市场专长的合作伙伴。例如，天津天士力制药集团收购韩国Genexine时，选择与LIME资产管理公司等数家韩国基金合作；中联重科收购意大利Ladurner时，联合专注投资中型市场的中意曼达林基金。

对中外投资者而言，基金主要指风险投资公司或成长型资本投资者。在上述投资中，最活跃的全球性基金为纪源资本（参与了11宗交易）和红杉资本

（参与了10宗交易）。两家基金的投资对象均为创业公司，且大多数是联合中国互联网企业对科技公司的投资（纪源资本有9宗，红杉资本有8宗）。最活跃的中国本土基金为弘毅投资和平安基金（均有6宗交易），前者参与了多宗大型交易（如Lexmark和Playtika），后者大多与医疗战略投资企业联合。

交易特点快速变化

联合投资交易变化非常快。目前的交易主要呈现以下特征：规模更大、多数股权收购更常见、国有企业的主角地位削弱、科技类居多。

平均交易规模从2013年的1.1亿美元升至2016年的2.33亿美元。除风险投资和成长型资本投资的规模较小外，其他交易的规模在4年间从4.59亿美元增至9.5亿美元，增长了一倍多，其中一些交易规模相当可观，如上海巨人集团、弘毅投资和云峰投资共同出资44亿美元收购Playtika；五鼎生物技术、太盟投资集团和弘毅投资以36亿美元收购Lexmark。2016年有6宗交易的总额超过5亿美元，而在2013年规模相当的交易仅有1宗，即腾讯参与收购美国电游公司动视暴雪（Activision Blizzard），总值23亿美元。

中国买家越来越倾向于寻求完全控股权。2016年有10宗交易收购成熟企业的股权，其中9宗获得标的公司全部股权，剩下的1宗也收购了超过90%的股权。而在2013年，少数股权的收购占总交易数的44%。由此看来，交易性质发生了改变：过去多为财务投资，战略投资者不甚活跃，如今战略投资者开始主导交易，由基金提供资金支持。

最显著的变化大概就是国有企业（SOE）不再唱主角，这其实也在意料之中。国有企业在2013年参与了15%的交易，但2016年仅涉及6%，一方面是由于国企缺乏相关经验和专业知识，很少投资初创公司，另一方面则是从2013年开始的反腐风暴使得国企管理层行事更为谨慎。

国有企业通常出现在中方主导型交易，180宗外方主导型交易中，国有企业仅参与10宗。国企通常感兴趣的是技术收购，如上汽集团投资了美国汽车催化剂材料制造商SDCmaterials、汽车销售门户网站CarSavvy和人机交互公司Speaktoit，为的是获得在汽车催化剂材料、线上汽车销售和虚拟助手领域的能力。此外，此类交易规模明显更大：国企参与交易（共25宗）的平均规模为

8.01亿美元，而224宗民营企业交易的均值仅为1.43亿美元。而且国企多次收购的可能性更大。中国化工集团和中国人寿保险是跨境收购最频繁的国企，分别参与主导了两宗交易（前者投资了倍耐力轮胎和克劳斯-玛菲机械，后者投资了优步和多处地产）。

与此同时，中国发展迅猛的民营互联网公司崭露头角。在180宗外方主导型交易中，涉及某一家中国互联网企业的有63宗。此类交易的收购目标多为美国公司，尤为常见的形式是参与科技公司上市之前的其中一轮融资，Snapchat（阿里巴巴入股）、Lyft（阿里巴巴入股）和Social Finance（人人网投资）。

总体而言，收购标的多为科技公司，占交易总数的55%、交易总价值的58%。面向消费者的行业也是收购热门：医疗和消费品分别占总交易数的19%和9%。然而科技类交易并不仅限于消费类技术。从中国企业收购新加坡半导体封测厂商星科金朋公司（STATS ChipPAC）、美国芯成半导体公司等交易可以看出，中国企业（包括国企和民企）正大力进军半导体行业。虽然国有企业的工业和能源类交易相对民企多一些，但加起来不到国企投资的30%。

基金一瞥

联合开展境外收购的基金类型繁多，但大多数为民资背景。共有551家基金在过去三年参与了财务/战略联合投资，其中境外基金442家，中国民营基金96家，政府直接掌控所有权的基金仅为12家。每家基金平均参与1.5~1.6宗交易，说明尽管有些基金参与的收购较多（如上文分析），总体而言境外投资并不是基金的重点。

近5年来，中国成立了约5500家投资基金，其中约600家是受"政府指导"的，主要是为本国初创公司提供支持和引资。然而，那些有政府背景的大型投资基金，迄今为止在境外投资中起到的作用却相当有限，仅有几家积极参与境外投资。中国投资有限公司（CIC）很明显更活跃，但该公司本来就负责跨境投资，且通常不会与中国战略投资者合作。另有几家收购方（如中信投资控股公司CITIC）曾是国有企业，但现已成为商业实体。

解读"廉价融资"

财务投资者显然还未能真正向中国收购方提供廉价资本。2013—2015年间，联合交易累计总值为470亿美元，而同期中国企业境外收购总值高达4750亿美元，跨境直接投资高达5340亿美元。我们估计基金融资仅占其中的100—150亿美元，远远不足以影响交易定价。

为了加快实现国家经济发展的目标，"政策基金"确实支持了几宗交易。中国化工集团2015年收购倍耐力轮胎、2016年投资克劳斯-玛菲机械集团，分别获得了丝路基金和国信国际发展有限公司的支持。这两笔投资巩固了中国化工的轮胎和化学机械业务，响应了《中国制造2025》行动纲领对制造业升级的要求。2014年，江苏长电集团收购星科金朋公司时得到了国家集成电路产业投资基金的支持，该基金的设立就是为了推动中国半导体行业的发展。

这些交易毕竟只是个例。"政策基金"的跨境项目大多数是基础设施或资源企业的自营投资和项目融资。以丝路基金为例，该基金宣布进行的6个跨境投资项目中（共有10个项目），仅有1个与中国战略企业联合投资。

中国目前境外交易的资金供给充足，但一直以来来自银行系统而非基金。不仅是中国的国有银行，境外银行也积极为中国企业提供高杠杆融资。我们研究的部分大型交易都获得了境外银行和国债市场的融资。中国化工以86亿美元收购倍耐力轮胎，73亿美元由摩根大通融资；中国化工以430亿美元收购先正达，由国内外17家银行组成的财团提供融资，其中330亿美元为债务融资；腾讯86亿美元收购游戏开发商Supercell，有35亿美元是国内外多家银行提供的贷款。

基金将何去何从？

中国的境外并购仍处于起步阶段，各方都在摸索自己的角色。企业/基金的联合投资日益增多，体现了双方互补的需求。中国企业希望获得基金支持，中国基金则积极寻求投资处于发展初期的境外公司。一些国内外基金正帮助有投资意向却缺乏资金的中国企业进行境外收购。

毋庸置疑，政府指导的基金影响力有限，尚不足以改变中资企业的收购融资能力，也未必能帮助企业开出更高的收购价格。目前资金主要还是来自传统银行系统。随着发达国家利率的攀升，中国信贷的紧缩，近来中国政府又提倡给跨境并购降温，限制资本的外逃，这些都会在一定程度上限制银行系统的融资能力。不过国内外银行只是呼应中国企业的需求，而未来几年中企对跨境并购的兴趣只会有增无减。

● ● ●

20世纪七八十年代西方企业开始跨境收购，大多为自有资金，多个投资者，包括一些财务投资者，参与的交易实属罕见。中国收购方从一开始的道路就与西方买家截然不同。在可预见的未来，基金的参与将是中国跨境并购的一大特点。Ⓠ

David Cogman 为麦肯锡全球董事合伙人，常驻香港分公司；
Arthur Shek 为麦肯锡项目经理，常驻香港分公司。

数字化机遇

中国新车电商：
从皇帝的新衣到破茧成蝶

卜览，蒋岱玮

> 对于主机厂而言，电商平台是否已经成为传统经销商门店之外的重要渠道，并且在不久的将来有可能与线下渠道分庭抗礼？家电行业的线上化和渠道颠覆是否会在汽车行业得以复制？新车电商应当如何破茧成蝶？本文将给出答案。

2016年是新车电商看起来颇为风光的一年（见图1）。"双11"当天，中国最大的电商平台阿里系汽车新车订单量据称超过10万台，有近超过50个品牌的国产和进口豪华车主机厂在阿里系平台开设了旗舰店。特别是与以往打折销售的低端车型、库存车型有所不同的是，豪华车品牌纷纷亮相，"双11"前玛莎拉蒂天猫旗舰店更是创下首款SUV Levante 100台仅用了18秒便预售一空的记录。

图1 中国新车电商销量

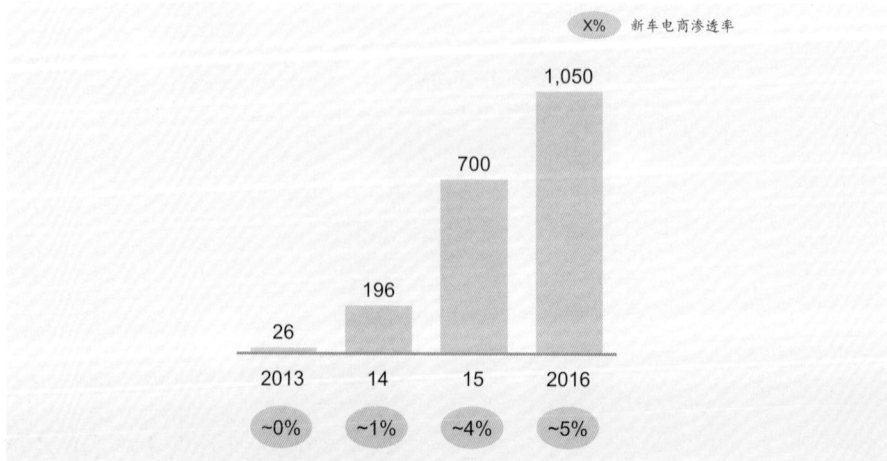

X% 新车电商渗透率

2013	14	15	2016
26	196	700	1,050
~0%	~1%	~4%	~5%

如此亮眼的成绩单是否意味着中国新车电商已经迎来了春天？对于主机厂而言，电商平台是否已经成为传统经销商门店之外的重要渠道，并且在不久的将来有可能与线下渠道分庭抗礼？家电行业的线上化和渠道颠覆是否会在汽车行业得以复制？

汽车零售颠覆者，还是皇帝的新衣？

目前的新车电商绝大部分成交量来自线上支付保证金、线下交易提车这一模式。除去部分专注销售旧车型和非主流车型的电商平台，大部分平台不再力推闭环交易，而是将自身打造成为主机厂商和经销商O2O引流的渠道。新车电商与其说对线下经销商实体店渠道形成了颠覆，不如说它更像是经销商线索营销的升级版。

究其背后的原因，新车电商存在着诸多短期内难以突破的瓶颈，尤其是与电商渗透率较高的消费品品类（如服饰、图书、护肤品和家电等）相比更为突出。

第一，汽车购买单价高、频次低、消费者决策周期长，消费行为较为理性。相对于普通消费品，汽车单价较高（数万到数十万元），购买频次低（5~8年购买一次），消费者决策周期长（从有了购买意图到网上研究和实体店比较，再到最终实现购买，通常需要6个月左右）。另外，汽车消费行为通常较为理性，难以在网上激发冲动型消费。

第二，消费流程无法在网上全部完成。普通消费品可以做到在线走完全部购买流程，但汽车无法实现端到端的在线购车全部流程，仍然需要线下经销商在各个环节，如交易价格确认、试驾、付款、验车、交车、上牌的支持。经销商对销售线索的跟进服务水平对最终成交至关重要。

第三，线上销售价格优势有限。在汽车市场发展放缓的背景下，经销商库存压力普遍较大，市场价格竞争激烈，除平行进口车以外，线上销售的价格优势非常有限。同时主机厂电商平台或网店受相关反垄断法规的影响，无法承诺在线"一口价"，大大影响了网上价格透明度，难以做到"所见即所得"。

新车电商如何破茧成蝶?

伴随着消费者行为的日益数字化,中国电商市场正在高速成长,但同时汽车行业做电商又受制于诸多约束,在这样的背景下,主机厂究竟应该如何看待电商呢?电商到底是未来汽车零售行业的颠覆者,还是换汤不换药的数字营销手段,或是一个变相降价销售降低库存压力的渠道?新车电商应当如何破茧成蝶?

我们认为,新车电商虽然在短期内无法对新车零售的主要业态产生颠覆,但是如果正确对待和投入,电商平台不但可以帮助主机厂和经销商网络搜集销售线索,提升销售转化效率,更可以成为全渠道消费者体验的阵地。我们建议主机厂商从营销、销售和客户体验这三个方向出发,针对消费者做进一步的改变(见图2)。

图2 主机厂商可从营销、销售和客户体验这三个方向出发,针对消费者做进一步的改变

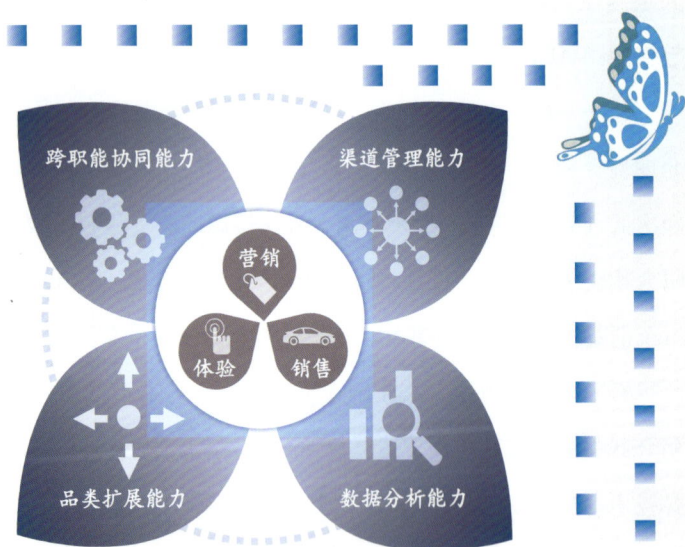

方向一:营销。利用丰富、创新、互动的平台营销方式打造品牌。主机厂商可以借助第三方电商平台丰富的营销工具(如天猫粉丝趴、天猫直播等)和大数据工具进行大范围和精准的品牌营销和推广。同时,还可以在自营电商官网建立粉丝社区,与核心用户保持互动。

方向二:销售。针对个人消费者设计多元、个性化的促销激励方式,并抓住窗口期（如"双11"）实现销售增长。电商平台的数据透明和实时反馈能为主机厂对于不同的促销激励实施效果进行追踪。这为主机厂商提供了针对不同客户类型而非产品类型进行促销激励的实验机会。有利于主机厂商优化投放效率，提升利润空间。同时，尽管整体电商规模较小，但在特定时期（如"双11"），主机厂商仍能借力互联网流量的红利获得可观的销售增长。

方向三：客户体验。通过全渠道（omni-channel）打造全生命周期的客户体验，提升品牌与用户互动频次。长远来看，主机厂的电商平台不应停留于卖车的层次，而应该成为与消费者建立直接联系的重要渠道，从而增加与消费者互动的频次（如车主增值服务、售后、金融服务、出行服务等），建立持久的全渠道体验，挖取最大的价值。

为了捕捉这些机会，主机厂商需要具备以下四个关键能力。

首先是渠道管理能力，即基于消费者决策旅程进行多渠道协同布局。主机厂商需要从目标消费者的决策旅程（Consumer Decision Journey）出发，评估目前主要电商平台的优劣势，选择在垂直电商网站、全品类电商平台以及自建电商平台的布局，明确各个平台的分工并进行协同管理。

其次是数据分析能力，即建立内部数据团队，打通内外数据系统，强化数据分析和应用能力。主机厂商必须改变数字营销外包的做法和心态，真正打造具备核心数据能力的团队，打通内外部数据库，提升数据分析能力，强化数据在业务管理中所扮演的角色。

再次是品类扩展能力，即扩大经营品类，延展到后市场甚至是广泛的出行相关的产品/服务，提升客户购买频度和体验。由于新车消费的低频性很难改变，主机厂商需要在电商平台产品品类上打开思路，通过全生命周期产品以及凸显品牌特色的周边产品和服务，形成粉丝经济，逐渐转变追逐折扣的消费行为和模式。

最后是跨职能协同能力，即组建一支具备端到端责任和资源的跨部门团队，建立适合互联网"玩法"的快速响应机制，并且提高快速学习能力。主机厂往往组织较为庞大，决策流程较为冗长，难以适应电商市场及互联网企业千变万化的"玩法"。只有建立一支跨部门作战团队，掌握营销、媒体、销售、经销商管理和数据分析等多重能力，与电商平台和第三方服务提供商进行对接，对市场热点迅速做出反应，才能在激烈的电商营销战中胜出。

• • •

展望未来，不论能否在线上形成端到端的购买全流程，主机厂商构建从线上到线下的全渠道客户体验是大势所趋。在实施路径上，应以打造强有力的消费者价值主张为原点，从营销、销售、体验等多角度考量汽车电商在公司业务的地位，并且建立相匹配的能力，积极创新，紧密连接线上与线下渠道，最终打造全渠道的客户体验。Q

两位作者感谢同事丁秉勇对本文的贡献。

卜览为麦肯锡全球董事合伙人，大中华区数字化业务转型咨询领域负责人，常驻上海分公司；

蒋岱玮为麦肯锡全球副董事合伙人，大中华区汽车业务核心成员，常驻上海分公司。

数字化采购开启价值增长新时代

宋志浩，梁乐华，杨博

> 随着互联网技术的飞速发展，数字化采购对于企业的意义越来越重大。在本文中，我们尝试为首席采购官梳理数字化采购的价值结构，并提供一个通过数字化采购和高级分析技术创造最优价值的简单框架。

2016年我们对全球各地首席采购官的调查结果显示，如果采用端到端的数字化采购计划，企业每年可节省20%~30%的成本，交易性采购可减少约30%的时间，而且价值漏损将减少50%。那些已经采用更为成熟的商业和需求分析工具的首席采购官均确信，数字化采购是开启价值增长的钥匙。

随着互联网技术的飞速发展，数字化采购对于企业的意义越来越重大。然而，我们发现，中国企业的首席采购官普遍存在两大疑问：一、数字化的核心要素是什么？二、如何打造适合自己的数字化采购转型方案？在本文中，我们将回答这些问题，尝试为首席采购官梳理数字化采购的价值结构，并提供一个通过数字化采购和高级分析技术创造最优价值的简单框架。

问题一：数字化采购的核心要素是什么？

麦肯锡认为，数字化采购是指"供应商和商业用户通过大数据高级分析、流程自动化和全新协作模型，提升采购职能效率，大幅降低成本，从而实现更快捷、更透明的可持续采购"。

数字化采购包含两大核心要素：识别和创造价值以及防止价值漏损。这两大核心要素分别对应四大类采购解决方案：支出可视化、协作型先进采购、采购支付以及绩效管理（见图1）。

图1 数字化采购包含两大核心要素：识别和创造价值、防止价值漏损

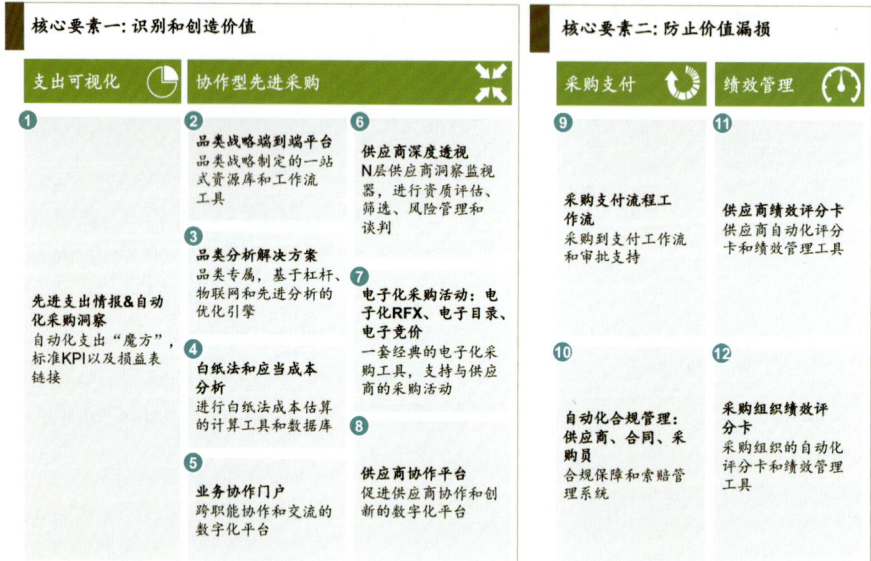

核心要素一: 识别和创造价值

支出可视化　　　**协作型先进采购**

① 先进支出情报&自动化采购洞察
自动化支出"魔方"，标准KPI以及损益表链接

② 品类战略端到端平台
品类战略制定的一站式资源库和工作流工具

③ 品类分析解决方案
品类专属，基于杠杆、物联网和先进分析的优化引擎

④ 白纸法和应当成本分析
进行白纸法成本估算的计算工具和数据库

⑤ 业务协作门户
跨职能协作和交流的数字化平台

⑥ 供应商深度透视
N层供应商洞察监视器，进行资质评估、筛选、风险管理和谈判

⑦ 电子化采购活动：电子化RFX、电子目录、电子竞价
一套经典的电子化采购工具，支持与供应商的采购活动

⑧ 供应商协作平台
促进供应商协作和创新的数字化平台

核心要素二: 防止价值漏损

采购支付　　　**绩效管理**

⑨ 采购支付流程工作流
采购到支付工作流和审批支持

⑩ 自动化合规管理：供应商、合同、采购员
合规保障和索赔管理系统

⑪ 供应商绩效评分卡
供应商自动化评分卡和绩效管理工具

⑫ 采购组织绩效评分卡
采购组织的自动化评分卡和绩效管理工具

资料来源：麦肯锡采购事业部

核心要素之一：识别和创造价值

简而言之，识别和创造价值工具可为战略采购流程提供支持。进一步可分为能够实现支出可视化的工具和能够为协作型先进采购提供支持的工具。

1. 支出可视化工具

该类工具具有先进的支出数据分析功能，并可自动生成采购结果。凭借具有人工智能和自我学习功能的算法技术，有些跨国企业和综合性企业已经实现了数据清理和分类的自动化。我们预计，如果增加数据来源，引入品类层级的基础性关键绩效指标（KPI），可进一步丰富目前市面已有解决方案的功能。新一代系统将有助于实现首席采购官梦寐以求的采购功能，即能够在预算和利润表中直接跟踪支出节省情况。

2. 协作型数字化采购工具

该类工具作为平台主要整合各个采购职能的细分工具。品类战略端到端平台工具在采购各重要流程节点为品类经理提供指导。目前尽管有许多系统支持交易性采购流程，但很少能够生成综合性品类策略，或者识别降本杠杆。而品类战略端到端平台工具在创建品类策略过程中的每个步骤（如了解需求、分析市场、生成降本措施、衡量措施实施的效果等）自动提示与跨职能部门合作方召开相关里程碑会议，保存和跟踪所有讨论意见，直至各个步骤实施完毕。

我们服务过的东南亚某领先石油企业采用这套先进的系统工具，取得了令人满意的成效。制定品类策略的时间缩短了25%~40%，品类管理团队的效率得到大幅提升。比如一个试点项目的各团队超过了平均节省初始成本20%的目标，降本目标也比原计划提速35%落地。

其他协作型数字化采购工具还包括品类分析解决方案、白纸分析和应当成本分析、业务协作门户、供应商深度透视和电子化采购活动等。随着对复杂数据分析能力的持续提升，以及各数字平台的功能性和易用性的不断改善，这些工具将极大帮助企业识别采购可持续降本的机会，最终实现价值最大化。

核心要素之二：防止价值漏损

防止价值漏损所需要的解决方案包括企业常用的ERP系统，以及管理采购支付流程（S2P: Source-to-Pay）的工具和绩效管理工具。

后者包括数字化的采购支付工作流程工具和自动化合规管理工具。对于许多企业，尤其是对跨国制造和服务企业而言，价值漏损仍然是有待解决的一个重要采购问题。高级合规管理功能对于数量大、金额高的外包合同尤其有效。同时对于交易次数很多的采购，如果人工分析无法满足要求，高级分析解决方案还能够查看和识别不合规的情况。例如，交通、运输、包裹服务；维护、修理和运营（MRO）；租车或酒店支出。目前，这些领域中现有的单点解决方案将越来越多地整合成为综合性应用程序包，以解决供应商和采购方不合规的问题。

数字化绩效管理工具分为对外的供应商绩效评分卡和对内的采购组织绩效评分卡。供应商绩效评分卡系统可实时提供对供应商绩效、差距以及预期成本、质量或者交付时间等问题的洞察。与系统监控的自动化范围和服务水平相关联时，还能提供经过整合的索赔管理功能。当拥有了这些数字化信息后，品类经理就能够第一时间发现供应商出现的问题，更快采取行动并做出决策，同时系统还能提供相应工具帮助、鼓励或促使供应商做出改进。

采购组织绩效评分卡记录并衡量整个采购部门或单个采购品类的绩效。系统将记录战略采购团队的全部活动，并同时跟踪成本节省措施的落地实施。首席采购官可以通过这个系统，非常简洁且全面地监督和管理工作的进度和结果，也可以细致到审阅每位品类经理的绩效完成情况与业务水平。绩效管理工具还可以植入到其他工具中，比如品类战略采购工作流工具，从而实现对团队、品类以及个人绩效的实时管理。

问题二：如何打造适合自己的数字化采购方案？

在了解了什么是数字化采购后，首席采购官们面临的第二个问题便是如何选择最适合自己企业的数字化解决方案。不同解决方案对采购端到端的各个环节影响不同，有的增加效益，有的提升效率，有的可实现企业采购的可持续发展（见图2）。最终的价值影响将因企业而异，具体取决于交易量、采购品类、企业人员的业务熟练程度以及其他现有流程。

图2 不同的数字化采购方案在效益、效率及持续发展方面会产生不同的价值影响

		价值影响		
		效益	效率	持续
支出可视化	① 先进支出情报&自动化采购洞察	✔		
协作型先进采购	② 品类战略端到端平台	✔		✔
	③ 品类分析解决方案	✔	✔	✔
	④ 白纸法和应当成本分析	✔		✔
	⑤ 业务协作门户	✔	✔	✔
	⑥ 供应商深度透视			✔
	⑦ 电子化采购活动：电子化RFX、电子目录、电子竞价		✔	
	⑧ 供应商协作平台	✔		✔
采购支付	⑨ 采购支付流程工作流		✔	
	⑩ 自动化合规管理：供应商、合同、采购员		✔	
绩效管理	⑪ 供应商绩效评分卡			✔
	⑫ 采购组织绩效评分卡			✔

资料来源：麦肯锡采购事业部

企业应明确优先价值驱动因素，是想提高交易效率，通过敏锐洞察达到更好的谈判协商结果，还是改进预测功能降低采购风险。然后，以此为基础选择相应的工具。例如，对于物流、运输以及MRO（维护、维修、运营）方面支出很大的企业，采用针对特定品类更为复杂的优化模型和工具可能比较有利。

对于采购大批量库存单位（SKU），而且不同SKU价格变动大，对合同条款差异甚大的企业而言，应考虑采用价值漏损自动化管理工具。

我们曾经帮助一家全球领先的钢铁企业设计数字化采购解决方案和转型实施路线图。首先，我们为该企业做了为期一个月的高阶诊断，对识别和创造价值以及防止价值漏损这两大要素进行了全面分析。在明确优先价值驱动因素，平衡效率、效益和可持续发展的需求后，我们建议该公司首先引入白纸分析、高阶数据分析以及电子竞价平台数字采购工具，并进一步帮助该公司设计了为期2年的数字化采购实施路线图。预计转型落地后能实现4000万~7000万欧元的收益。

$$\bullet \ \bullet \ \bullet$$

数字化采购不仅可识别降本机会、创造价值，防止价值漏损，还可以极大减少交易性采购所需的时间。那么，未来这些新工具是否会取代采购员或品类经理的采购工作？我们认为恰恰相反。企业现在就应着手储备相关人才，研究数字化采购解决方案的各项功能。只有不断试验并持续改进，首席采购官才能够确定哪种数字化采购解决方案有助于提升企业的价值创造能力。Ⓠ

三位作者诚挚感谢同事卢梦娇对本文的贡献。

宋志浩为麦肯锡专家副董事，常驻上海分公司；
梁乐华为麦肯锡项目经理，常驻上海分公司；
杨博为麦肯锡采购事业部亚太区经理。

以客户为中心，打造房企核心竞争力

张海濛，**Ankit Gupta**，夏鹏

> 全球房地产向买方市场的持续转变，要求开发商更多地关注客户体验。

一直以来，新兴市场的房地产行业都未能做到以客户为中心。过去，主要是经济周期决定了房地产是买方还是卖方市场，地段、价位、付款计划和房产规格等是客户关注的主要因素。相比之下，包括汽车、奢侈品和金融服务业在内的大多数行业涌现了许多以客户服务见长的领军企业。而房地产行业大多为家族企业，经营者在产品设计、定价和市场营销等方面往往依靠直觉行事。同时，最优秀的销售和市场人才也很少出现在房地产行业。现在，这种状况正在悄然改变。

21世纪初是全球房地产行业的"黄金时代"，那时无论是在新兴还是发达市场，开发商的生意都很兴隆。然而到了2008年，行业不可避免地开始了调整，包括中国和印度等在内的新兴市场进入低迷状态。很多地产开发商面临着重重问题，如住宅市场供过于求的压力以及由于投资者需求有限、政策波动和资金短缺造成的去库存周期拉长。

随之而来的便是购房者房产选购方式的改变。首先，千禧一代（80后和90后）普遍习惯使用高科技来获取更多相关信息和更高的信息透明度。其次，现代家庭对置业的要求也更为挑剔，如学校、停车场和绿化景观要配套，物业要可靠，基础设施要到位等等。此外，受人口老龄化的影响，购房者对老年便利设施和医疗保健服务的需求也在日益增加。为了顺应社会、经济和行业的趋势，未来五年，房地产行业需要打造"以客户为中心"的核心竞争力。为了达到这一目标，企业应着力深挖以下六大机会领域，虽然其中一些在成熟市场已

很常见，但在其他市场仍有较大提升空间。

机会领域一：产品设计

创新的产品往往需要结合视觉与艺术来设计，但也很有必要进行科学的深入分析，例如消费者的核心需求是什么、购房的愿景是什么、购房最重视什么、最想避免什么。只有洞察这些诉求，房企才有可能提供真正的差异化产品，为购房者和长线投资者设计个性化的房地产项目。

机会领域二：精准定价

房地产需要借鉴其他行业中已经广泛使用的基于实际数据的定价模型，尤其在中国和印度等行业规范尚未完善的市场，分析市场竞争情况非常有必要，并且应衡量客户对定价和付款计划的敏感度。这意味着企业需要找到正确的方法制定更准确的基准价格和增值项目（例如更高的楼层或不同的景观）。这个做法同样适用于地产租赁市场。例如每间商铺的租金定价需要地产商对客流量、销售数据、商铺位置和租户类型等变量进行深入分析。然而在许多新兴市场，商业地产开发商尚未使用科学的定价工具来支持数据的分析和洞见的挖掘。

机会领域三：售后服务

对于购房者来说，购置房产的意义更像是开启了置业后的新生活。因此，开发商能否确保优质贴心的售后服务和物业管理，并在业主入住后持续提供价值就成为地产品牌取得成功的关键所在，尤其是对公寓和封闭式社区而言。售后服务的范围非常广泛，从确保质量、安全和卫生等基本服务到位，到提供如烹饪班、健身班、在线管家应用程序等高级增值服务。

机会领域四：数字化互联

当今消费者越来越青睐数字化体验。随着增强现实（AR）及虚拟现实（VR）技术的问世和普及，地产项目营销方式也在发生改变。一些数字化技术正在被广泛使用，例如利用日光模拟让客户体验公寓的自然光照，利用无人机拍摄从拟建的高层房产俯瞰的"实景"等。数字化技术将颠覆客户体验，串联起银行贷款、房产建设进度追踪、装修家具选购等多个环节，全程提供专业服务。数字化界面则将成为物业管理的核心，既为客户提供贴心服务，也为地产公司提供大量客户服务消费行为的数据。

机会领域五：营销能力

首先从人才储备与培养上，地产商可以考虑从长期践行"以客户为中心"的行业招揽跨行业复合型人才（如快消品、互联网行业），并有必要加大对员工意识转变的培训投入。其次，虽然以地产项目为单位的项目销售团队模式将继续发挥重要作用，但是集中化的销售团队或将更加适合跨国业务、对机构销售及服务高净值投资者、大型经纪中介平台渠道。最后，由于房地产行业往往高度依赖第三方地产经纪人，企业也有必要投入更多精力，通过培训和在线协助来等方式全方位提升第三方代理的销售和客户服务技能。

机会领域六：思维方式

为了将客户导向思维融入企业愿景和战略，员工和管理高层必须努力获取客户需求的第一手信息。非销售相关员工的绩效考核也应纳入一些与客户相关的评估项目。同时，房地产企业还可学习其他行业的企业高管是如何与客户直接互动的，如利用互联网社交媒体渠道与消费者互动。

● ● ●

随着全球房地产纷纷告别卖方市场，企业必将面临全新的挑战。在当下市场获得成功的关键在于找到创新的产品和服务，为客户提供更好的体验。向以"客户为中心"的转变是艰难的，但房地产企业的未来成败在此一举。Ⓠ

张海濛为麦肯锡全球资深董事合伙人，常驻上海分公司；
Ankit Gupta 为麦肯锡全球董事合伙人，常驻德里分公司；
夏鹏为麦肯锡全球副董事合伙人，常驻上海分公司。

中国航空公司如何赢得消费者

Steve Saxon

置身于全世界最令人振奋的电子商务市场，中国航空公司应努力重新赢得客户，提高在线交易份额，并在快速增长的旅游市场中获得更多价值。

中国拥有全球最大的电子商务市场。2016年，中国网购总额可能突破5500亿美元，而美国的网购总额不过3500亿美元。中国的网购消费将继续以每年超过10%的速度增长。

中国互联网巨头在网购领域的创新已经赶超欧美同行，中国消费者早已习惯在社交网络、电子商务和在线支付之间自由切换。中国一线城市93%的居民使用微信，其中83%的人开通了微信钱包，并且用过微信支付。

对电子渠道的偏爱也渗透到了旅游产业，线上预订和交易受到人们的欢迎。参与调查的受访者称选择线上的首要原因是低价，59%的人期望在线上找到比线下更低的价格。然而有意思的是，在线订购行程实际上增加了消费者的旅行开支。受线上平台特价促销、套餐优惠和景点推荐的吸引，77%的消费者往往会花更多的钱。

网购机票日渐盛行，但并非通过航空公司

考虑到中国消费者对网购的热情和精通，网购机票的流行也就不足为奇了。虽然起步较慢，但目前中国的机票在线预订量已占总预订量的58%以上，超过了美国和欧洲的比例（见图1）。

图1 2010—2015年机票销售在线渗透率比较

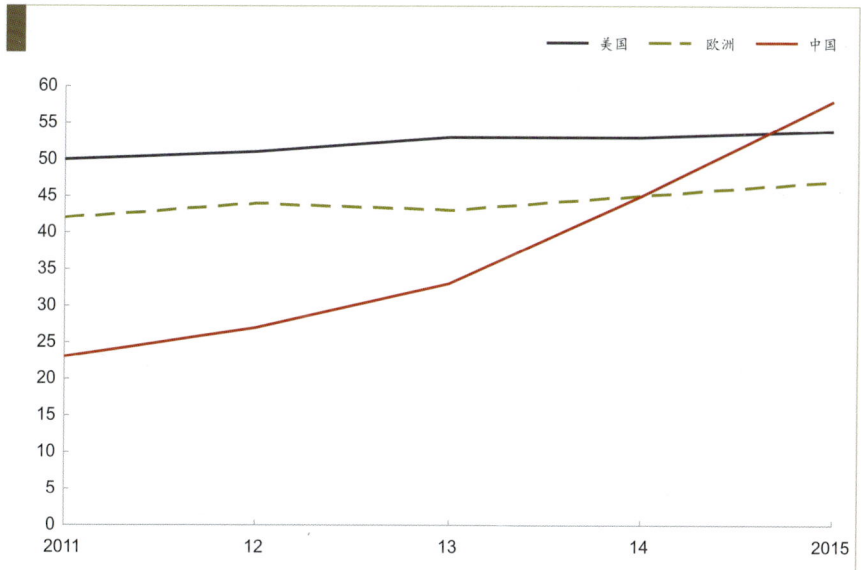

资料来源：艾瑞咨询，Phocuswright

航空公司面临的挑战是，大部分订单来自航空公司以外的渠道。只有约25％经由航空公司的官网或移动客户端完成，其余都是通过以携程为代表的在线旅行社（以下简称为"OTA"）进行的。

通过OTA预订机票的比例还在不断攀升。研究显示，至2020年，OTA的订票份额在所有在线订票中的占比将从现在的50％增长至60％，未来上升势头不减。

图2 中国航空票务经销渠道构成

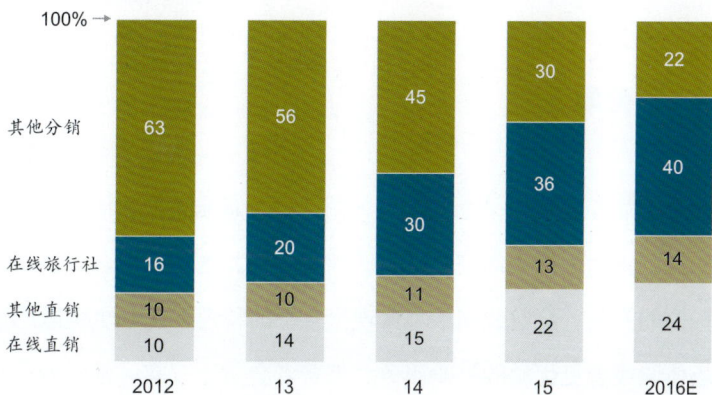

资料来源：中航信，艾瑞咨询

欧美OTA也很流行，但通过航空公司官网订票对旅客仍然更具吸引力。2015年，通过航空公司官网和移动应用软件实现的在线订票占美国在线订票总量的42%，欧洲的这一比例也有36%。

原因何在？

中国大型航空公司的机票在线直销市场份额较低主要有三个原因。

首先，网站和移动应用软件设计欠佳，功能不足（例如不支持多站经停预订、儿童票预订等），而且错误和故障频繁，一些网站不能支持所有浏览器，常常出现支付失败的情况。客户服务质量差，消费者的问题往往得不到及时解决，甚至完全没有回应。中国航空公司的外文网站更糟。由此，消费者流向其他在线平台是完全可以理解的。

其次，没有价格优势，其他在线平台的价格更低。例如，在中国东方航空的网站上搜索发现，上海至新加坡的往返票价为2810元，而相同班次某OTA只卖2673元。如果消费者认为官网价格并不是最低，自然会去别处寻找。

为什么会出现这种情况？一些旅行社将一部分由航空公司支付的佣金以折扣的方式返还给消费者，降低了票价。另一些机构更是主动降价，为吸引消费者不惜自己承担损失，之后再通过交叉销售酒店和旅行团来获得收益。

再次，航空公司的组织惰性太大。中国每一家航空公司的销售团队都有好几百人，在全国范围内拓展与传统旅行社的业务。这些团队都有线下针对旅行社的销售目标。因此，航空公司内部并非所有人都会去努力提升在线销售的业绩。

要有危机感

消费者选择OTA而非航空公司订票，意味着他们同时会看到其他航空公司的机票，而机票通常按价格由低到高排列。这样一来，买机票就像在选购明码标价的商品，航空公司很难体现出自身的特色，比如更宽敞的座位、更棒的机场体验或者更优质的机舱服务。消费者会货比三家，残酷的价格竞争也拉低了收益。

此外，航空公司也无法真正"拥有"自己的客户。OTA与消费者建立了更紧密的联系，并掌握着详细个人信息。相比之下，航空公司通常只有客户的姓名和身份证号码，却无法收集客户更多的信息，因此也难以建立客户资料，进而提供个性化服务。

最后，代理机构越来越贵。航空公司需要向全球分销系统（GDS）支付佣金、销售激励和其他费用。通过OTA和旅行社订票的消费者往往都是低收益的旅客，航空公司很难为获得这部分客户而承担高分销成本。而未来大部分的行业增长很可能正来自于这部分对价格更敏感的休闲游旅客。

中国航空公司需要绝地反击，真正"拥有"自己的客户。主打低价票的春秋航空做得相当成功，其80%至90%的机票预订来自春秋自己的线上平台。

三个当务之急

建立高质量的官网和移动端

第一步，航空公司应用心设计官网和移动端平台，并提供稳定可靠的服务。

与一些飞速发展的互联网公司（如阿里巴巴旗下的旅行品牌"飞猪"）相比，航空公司对优秀IT人才的吸引力相形见绌。作为国有企业的航空公司给的薪水低很多，也缺乏创新型文化氛围，因此对人才的吸引力远不如互联网公司。

虽然可以将网站开发外包给第三方，但航空公司通常不会拿出足够多的预算为用户打造独一无二的线上体验。事实上，航空公司必须加大对在线平台的投入。美国达美航空曾斥资1.4亿美元打造其线上平台，提供给消费者全球最佳的订票体验。中国的航空公司也应当大幅增加对官网和移动端的投入。一旦重新赢得客户，航空公司就将省下佣金和其他相关费用，从而能够在短期收回投资。

与此同时，多家航空公司也开始开设OTA自营店。大多数航空公司在飞猪、携程和其他OTA上都推出了品牌旗舰店。虽然这种做法有其优点，比如旗舰店只会显示该航空公司一家的票价，但从长期来看，无法代替由航空公司直接管控的自有渠道。

转移客户

第二步，线上平台升级后，航空公司需要将客户转移过去，可以考虑以下几个办法：

第一，提供电子商务平台所独有的服务。最简单的做法是提供打折票价或奖励飞行里程，复杂一些的则是在航空公司自己的平台上提供OTA上没有的特色服务。我们看到一些航空公司允许官网购票的消费者选择座位或在起飞前48小时办理值机手续。

第二，将国内市场的佣金削减到零，以确保代理机构不能将部分佣金让给消费者。"零佣金"模式最先起于美国，最近中国也开始推行。一些中国航空公司承认，启用新模式后，OTA销售确实增加了。尽管航空公司成功将客户从传统代理机构转移到了线上渠道，但这并不是航空公司自己的线上直销渠道。

第三，严格限制代理机构以低于公开票价的价格销售机票。虽然很多中国航空公司都有这一条规定，但实际未能执行。美国航空公司对非法低价票的惩罚则严厉得多，会将不遵守合同条款的代理机构列入黑名单。中国航空公司可以借鉴这一做法。

第四，整合线下渠道与线上渠道。例如，一些航空公司将传统的线下售票处改造成带有无线网络的咖啡厅。对于部分没有银行账户或信用卡的顾客，可以先在线预订，再去实体便利店支付。

第五，确保官网订票就是最低价。航空公司可以考虑发布声明，"若您发现同一航班在其他渠道价格更低，我们将赔付双倍差价"。这不仅让客户订购更安心，还可以使航空公司尽早发现代理机构是否违反合约低价销售。

建立客户资料

一旦客户开始在官网或手机APP上订票，航空公司就需要建立客户资料，追踪并留存消费者的浏览记录和购买行为，并根据这些信息提供符合消费者需求的个性化产品和交叉销售信息，如酒店住宿、租车、公交换乘、观光团和餐饮等。航空公司可以超越其传统角色，将业务触角延伸到旅游周边。

从现实来看，这一转变是可行的。按照以上三个步骤，一家拉美航空公司已经将在线交易的份额从占比15%提升到了60%。

代理机构何去何从

我们认为，虽然对航空公司来说，拓展客户的确很重要，但旅行社或OTA仍然有其价值。许多人并不是经常性的常旅客，代理机构在帮助消费者出行选择和订票方面起到了至关重要的作用。未来，代理机构需要向价值链上游移动，为消费者提供更具个性化的建议和更高附加值的旅行套餐。

● ● ●

置身于全世界最令人振奋的电子商务市场，中国航空公司应努力重新赢得客户，提高在线交易份额，并在快速增长的旅游市场中获得更多价值。$\textcircled{Q}$

作者诚挚感谢同事索佩敏对本文的贡献。

Steve Saxon 为麦肯锡全球董事合伙人，专长于旅游、交通、物流咨询业务，常驻上海分公司。

探索中国基础教育公益组织发展新路径

陈蕾，任祓，张夏沫

基础教育公益组织应首先明确自身的战略方向与影响力定义，并且在组织内部加以统一，优化资源分配方法与运营管理模式，才能快速提升影响力，早日实现自身的发展愿景。

中国九年制义务教育推行至今取得了举世瞩目的成就，但广大农村地区仍存在着基础教育发展不均衡、师资力量相对薄弱，以及教学方法严重滞后等问题。在国家提出"扩大社会资源进入教育的途径"之后，基础教育公益组织获得了新的发展机遇，但也面临着新的挑战，如行业前景不确定性增加，机构运营管理难度增大，以及资源相较于愿景的有限性等等。我们认为，基础教育公益组织应首先明确自身的战略方向与影响力定义，并且在组织内部加以统一，优化资源分配方法与运营管理模式，才能快速提升影响力，早日实现自身的发展愿景。

乡村教育现状决定了公益组织存在的必要性

九年制义务教育普及之后，中国乡村基础教育面临着"让孩子能上学"和"让孩子上好学"这两项挑战，主要表现在学校和师资队伍的缺乏和教学质量的落后。应对这两项挑战，都需要公益组织的积极参与。

以教育资源贫乏为例，2015年云南省的农村师生比约为1:17，而东部沿海一些地区的农村师生比约为1:15。具体表现在以下三个方面。

首先，教学点锐减。随着城镇化进程的加快，中国农村摒弃了村村办学的方式，开展了撤点并校。小学数量从 2000年的55万所锐减至2015年的19万所。然而，负面影响也十分突出，如上学路途遥远，学生远离父母，学生群体差异拉大。

其次，教师队伍老龄化严重。 2014年中国农村46岁以上教师占15%，县城为7%，城市为11%。老龄化的教师队伍积极性相对不足，传统的应试教育无法满足素质教育的需求。

再次，留守儿童问题日益突出。 2015年中国中小学留守儿童在校学生超过2000万人，占同年龄段学生总数的14%。农村儿童，尤其是农村留守儿童生存现状堪忧，出现了在校表现不佳、缺失价值观引导、心理问题疏于辅导等情况。

作为社会问题的解决者，基础教育公益组织大胆尝试各种解决方案，从乡村支教入手，补充教育师资力量，对教学质量和教育方法进行试点与实践，为教育政策出谋划策。借政策东风，公益组织正在成为改变中国乡村教育现状的重要先锋力量。

基础教育公益组织的六大战略方向

据基金会中新网数据，2015年中国教育领域基金会约为2100个。纵观国内外教育类公益组织，按照作用对象可将其划分为三大类六个方向（见图1）。这六个战略方向并不是非此即彼，为求针对不同作用对象实现自身影响力，基础教育公益组织常常会采用组合战略。下面我们将详细阐述这六大战略方向。

战略方向一：支教助学。 这是解决农村基础教育不均衡最直接的战略选择。目前的支教助学项目普遍存在以下不足：短期支教意愿强于长期支教意愿，支教全职化和专业化程度较低，支教组织对于支教经验、教育方法等知识缺乏系统性的总结与传承。优秀的支教助学组织能够招募足量的老师，并且通过长期支教项目实现长远影响力。

战略方向二：公益学校。 开设公益学校除了支教，还能在更深层次帮助学生全面发展。选择此战略方向则需要充足持续的资金来源，优秀的师资队伍，系统性的教学知识储备，以及稳定的政府合作关系等，这些都对长期运营管理能力提出了新的挑战。

图1 基础教育公益组织的六种战略方向

	战略方向	描述	代表组织举例
作用于学生	① 支教助学	▪ 派遣教师，扩大教育覆盖面，提高教学质量，作用对象为当地学生 ▪ 重点在于增加高素质教师的招募和供应	▪ 美丽中国 ▪ 大学生支教团（大学生志愿服务西部计划）
	② 公益学校	▪ 以公益组织为办学主体，以贫困、弱势儿童为教育对象	▪ 希望工程 ▪ 明德教育公益项目 ▪ 复羚未来星小学
作用于学校和老师	③ 素质教育	▪ 关注和实践教育多元化，提供多样化教育资源与素质教育	▪ 千里草助学计划 ▪ 上海真爱梦想公益基金 ▪ 上海微笑青年公益服务中心 ▪ 六和公益
	④ 教师培训	▪ 致力于教师培训、新技术应用、教学改善、管理提升等 ▪ 重点在于提供能应用于实践的教学方法	▪ 各大师范院校 ▪ 上海真爱梦想公益基金 ▪ 海外中国教育基金会
作用于体制	⑤ 领袖培养	▪ 招募培养教育领域的未来领导者，如教育专家、校长等 ▪ 重点在于发现人才，并形成系统的培养与实践体系	▪ 美丽英国 ▪ 美丽美国 ▪ 中国移动中小学校长培训项目（影子校长项目及远程培训）
	⑥ 政策影响	▪ 关注教育话题，扩大媒体传播，推动公众参与 ▪ 致力于研究推广和改善教育的宏观环境	▪ 中国民办教育家协会（04年由原中国教育部部长杨海波建立）

▪ 6种战略方向并不是"非此即彼"，而是可以共存的
▪ 社会对于公益组织的专业性和合规性要求显著提高
▪ 贡献领域在从"补充"、"慈善"的性质（角色）逐步扩展到更广泛影响和引领的性质（角色）

战略方向三：素质教育。现阶段基础教育公益组织通常的做法是捐赠硬件和资金支持的方式。然而，乡村素质教育观念落后，通过硬件捐赠与资金支持难以收到效果。聚焦于素质教育的公益组织除了在设备和资金方面给予支持，还应重视改变教师和家长的素质教育观念，提供优质的素质教育培训内容，量化评估学生的素质教育成果。

战略方向四：教师培训。乡村教师专业性不高，由当地教育部门主持的教师培训往往跟不上先进教育理念。基础教育公益组织应以此为切入点，以面授形式为主，提升农村教师的专业素养。选择此战略方向的公益组织应首先形成一套系统性针对农村教育的教学内容、方法论和教师素养评估体系，通过对培训教师的长期追踪，实现对乡村教师专业素养的长期提升。

战略方向五：领袖培养。农村教育不仅需要优秀的师资队伍，更需要将才和帅才，以点带面发挥领袖作用。基础教育公益组织应以此为切入点，提升校长等学校管理者的管理能力，更新教育理念，增强他们的社会责任感。选择此战略方向的公益组织应通过实践获取经验，因地制宜地将中国先进地区的教育管理经验在农村加以固化，这是培养领袖的关键所在。

战略方向六：政策影响。近几年来，乡村教育获得了广泛的社会舆论关注，而教育政策的修订权仍在政府。聚焦于政策影响的公益组织应以优质的教育实践经验为基础，通过公益组织中的政协与人大代表，以两会提案等方式为乡村基础教育建言献策。

综上所述，我们认为，基础教育公益组织应该首先明晰战略方向，定义具体的影响力，充分借鉴不同战略方向的优秀实践经验，提升组织能力与机构的积极作用。

基础教育公益组织的机遇与挑战

在新的时代背景之下，基础教育公益组织往往面临着相似的机遇和挑战。以下，我们就三大普遍性挑战展开分析，并提出应对之策。

挑战一：新机会持续涌现，并伴有不确定性。公益组织在发展到一定规模之后，就会出现很多新机会。由于缺乏历史经验和参照物，公益组织常常不能准确预测新机会的潜力与可行性。例如国内某知名基础教育公益组织2008年从云南开始，多年摸索出一套以两年支教为特色的项目模式，培育了较为可观的支教队伍，逐步将项目扩展到广东、广西、甘肃等省。目前已成为对乡村基础教育事业颇具影响力的公益组织。与此同时，新的机会也层出不穷。是继续深耕已有布局的4个西部省份？是进一步扩张版图？是继续坚持已经比较成熟的支教项目？还是在支教经验积累的基础上开展例如自办学校、开办乡村教师培训中心、开办乡村教育研究中心、开展基于网络平台的乡村素质教育等等新项目？对于这些新机会，管理层和理事会展开了激烈的讨论。在相当长的时间里，对于新机会的不确定性，以及新机会与成熟业务的关系的梳理都缺乏系统客观的思考，造成争论不绝，方向不决，对机构的发展甚至产生了不利影响。

我们建议，公益组织及其利益相关方应该拥抱不确定性，大胆假设，小心求证，反复迭代新机会的战略选择。这就意味着思考深层次战略问题：组织的短期战略方向究竟是什么？组织愿景、短期战略目标与新机会之间的关系是什么？应该根据新机会的投入、影响力与项目效益，冷静思考拓展多少项目板块，聚焦于哪些板块。在挖掘新机会潜力时，做到主动取舍，主动驾驭不确定性，实现长远的稳健发展。

挑战二：更严格的风险管理和日益提升的管理专业性要求。首先与企业相比，公益组织的合规要求更为严格，比如政府监管、业务界限、财务透明等方面；其次，在商业世界里常见的一些基本的甚至领先的管理准则和实践案例，如业绩跟踪、投资回报跟踪、组织健康跟踪也越来越适用于公益组织的运营和管理。但与习惯了各种量化财务指标驱动的企业不同，公益组织建立、适应一揽子量化的运营目标需要一个过程。

我们建议，公益组织要积极学习商业组织运营管理中的有益准则和实践，选择性地借鉴企业的KPI体系，尽可能用量化的方式表达公益组织的影响力（业绩），制定理事会与管理层定期跟踪团队业绩的"业绩仪表盘"（KPI dashboard，见图2），将组织战略目标分解到成各个项目目标和各个职能目标，分阶段回顾并评估大目标和小目标的达成情况，在组织内部展开业绩对话，分析不同项目的投入产出效率，调整阶段性举措及相应目标。

挑战三：资源（资金、组织规模和能力等）相比于宏伟愿景非常有限，两者的矛盾是永恒的挑战。 公益组织通常怀有非常高尚的使命或者说非常宏伟的愿景目标，但拥有的资源却非常有限。哪怕在将终极愿景分解为短、中、长期的阶段性目标后，其资金和人才等储备面对短期目标也常常是捉襟见肘的。因此，公益组织应明确阶段性战略目标，聚焦资源投入，谨慎对待投资和扩张行为，持续追踪项目进展。

我们建议，一方面要主动积极地挖掘公益组织的宏伟愿景在社会责任感日益提升的大环境中所产生的正能量，通过生动的价值提炼和宣传，在传播其影响力的同时越来越高效地吸引资金和人才的凝聚；另一方面，要以终为始，引入约束优化法，从可预期的资源约束出发，描述不同战略选择的可能结果，识别在资金、人员、组织能力等多方面的需求，为有效务实地设定阶段性目标提供重要输入。同时，面对任一既定的阶段性目标，在资源分配使用上更加有的放矢，持续跟踪并不断追求资源使用效率。

• • •

综上所述，基础教育公益组织需要明确自身的战略选择，合理设定阶段性战略目标并分配资源，建立更加专业的KPI管理实践，持续提高资源利用效率。唯有如此，才能抓住发展机遇，成为中国教育体系中至关重要的补充力量。Q

图2 某基础教育公益组织KPI仪表盘示意

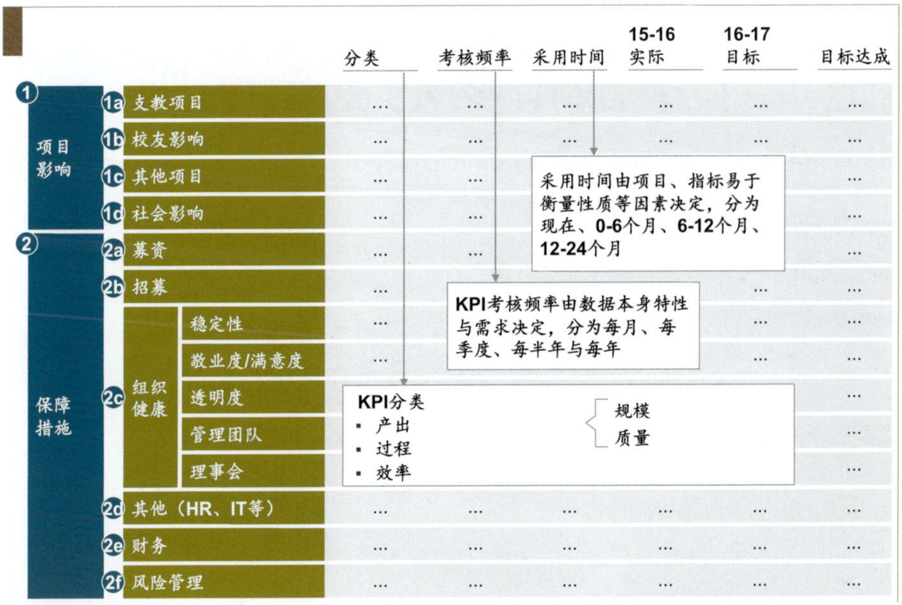

	分类	考核频率	采用时间	15-16 实际	16-17 目标	目标达成
① 项目影响						
1a 支教项目	...	...	...			...
1b 校友影响	...					
1c 其他项目	...					
1d 社会影响	...					
② 保障措施						
2a 募资	...					
2b 招募	...					
2c 组织健康 — 稳定性	...					
2c 组织健康 — 敬业度/满意度						
2c 组织健康 — 透明度						
2c 组织健康 — 管理团队						
2c 组织健康 — 理事会						
2d 其他（HR、IT等）	...	...	...			...
2e 财务	...					...
2f 风险管理	...					...

文本框：
- 采用时间由项目、指标易于衡量性质等因素决定，分为现在、**0-6个月**、**6-12个月**、**12-24个月**
- KPI考核频率由数据本身特性与需求决定，分为每月、每季度、每半年与每年
- KPI分类
  - 产出
  - 过程
  - 效率
  - 规模
  - 质量

项目老师	KPI	频率	采用时间	15-16 实际	16-17 目标	16-17 实际	16-17 目标达成
规模指标	项目老师数量与学生影响人次	每年	现在	500, 8.7万			
规模指标	合作学校数量	每年	现在	140			
规模指标	持续合作学校比例	每年	现在	40%			
产出指标 / 质量指标	项目老师主课授课比例	每半年	0-6月				
产出指标 / 质量指标	学生教学效果提升	每半年	现在	3%			
产出指标 / 质量指标	学生对项目老师满意度	每半年	6-12月				
产出指标 / 质量指标	项目老师净推荐值	每半年	0-6月				
产出指标 / 质量指标	校友对职业发展培训满意度	每年	现在	70%			
产出指标 / 质量指标	项目老师完成两年项目比例	每年	现在	92%			
产出指标 / 质量指标	项目老师违纪人次	每季度	0-6月				
产出指标 / 质量指标	校长满意度	每半年	0-6月				
过程指标	项目老师可能离职风险	每季度	0-6月				
效率指标	项目老师成本（扣除津贴后）	每月	现在	4.4万元			
效率指标	项目老师与PM的比例	每半年	现在	17			

资料来源：麦肯锡分析

作者谨向同事倪以理和Karel Eloot给予的悉心指导表示诚挚的谢意，也感谢王天禹和徐庆韬对本文的贡献。

陈蕾为麦肯锡全球董事合伙人，常驻北京分公司；

任栈为麦肯锡全球副董事合伙人，常驻上海分公司；

张夏沫为麦肯锡项目经理，常驻上海分公司。

简约创新：
打造属于中国市场的创新法则

陈美融，Jean-Frederic Kuentz，Thierry Chesnais

> "简约创新"强调针对客群需求，以最节约的成本，设计出精简而必需的功能，以及实用价值高和质量好的产品。

过去十年来，中国中产阶层的人口及消费能力均快速增长，消费习惯也产生了极大的改变。如今的消费者不再盲目跟风"舶来品"，而是更青睐经过本土化改造，真正适合自己的产品。具体来说，品牌要值得信赖的，产品的品质要足够好，但并不必须要好到极致，尤其不需要不切实际的附加功能。

同时对各品类品牌商而言，为了在质量及持续创新上为消费者带来价值，往往需要长期且高额的研发投资。然而，几乎所有品牌在中国市场上都面临着被快速山寨的危险。我们服务过的许多消费类电子产品公司都表示花了一年甚至是数年开发出来的新产品、新特性，不到6个月就被一些低价、低质量的制造商抄袭后快速上市，而原本的开发公司只能通过降价来竞争，无法收回投资的成本。

以上种种挑战对品牌制造商提出了新的问题：如何站在目标消费客群的立场思考对其最重要、最有价值的需求？如何在有限的研发投入下，快速且持续地提供给中产消费者精简有效、实用价值高且质量好的新产品？答案是"简约创新"。

多年以来，主流的创新模式是指研发具有颠覆性的先进科技，并且追求全面的功能。但这种模式很容易造成上市时间延后、市场价格过高，研发成本也很高。简约创新颠覆了传统的创新模式，它强调针对客群需求，以最节约的成本设计出精简而必需的功能，以及实用价值高质量好的产品。

我们看到，品牌商运用简约创新在不同市场取得了成功。雷诺旗下的入门品牌达西亚（Dacia）推出面向东欧新兴市场的Logan，舍弃了消费者其实不在意的功能，如对称后照镜、一体成形的仪表板等，但对高安全、低油耗甚至是冷气空调的必需要求，则重新设计创新。这款定价在5000欧元（约合3.6万元人民币）以下的车型，2004年上市后销出300万台。而Logan最主要的销售市场，除了东欧以外，竟然是经济增长停滞的西欧国家。这说明了简约创新不仅能迎合新兴市场的诉求，而且对日益精打细算的发达国家消费者的吸引力也越来越大。

在中国市场成功运用简约创新的条件更为严苛。除了精简功能、节约成本、针对需求做高质量创新，由于中国消费者对品牌更为看重，为维系品牌价值，厂商必须持续提供创新功能。另外，面对快速山寨的威胁，开发周期缩减至一半甚至更多也是重要的成功因素。

我们建议中国市场的品牌商通过三大执行抓手来落实简约创新，同时应做好两方面的基础性改造（见下图）。

图 品牌商可通过三个执行抓手和两方面基础性改造来贯彻和落实简约创新

执行抓手一：产品组合的优化和简化

"简约创新"第一步就是规划产品布局战略，通过产品成长价格图工具，将目标销量拆分于各个价格带，进一步分析竞争产品的份额、销量及消费客群定位特性等，以便了解增长目标所代表的竞争含义，且规划符合品牌定位的目标客群。同时分析过去的各产品线销量，分析各产品线是否值得继续开发。如此最精简且兼顾竞争市场及客群需求的产品组合战略，是打下"简约创新"产品规划的基础。

执行抓手二：精简产品特性符合该价格带要求

这一做法通过审慎分析标准配备来确保精简产品的基本面，并利用价值导向产品设计(Design to Value)工具最大限度地节省成本，提供差异化的创新特性。这种做法有三个重点。第一，对于消费者并不在乎的特性，可以考虑从标准配备中简化甚至舍弃；第二，并不只看产品配备特性，也包括如何整合跨产品的基础平台及零件共同利用；第三，根据产品的价格带及利润值设定成本目标，且在整个开发过程，以标配的简化到创新特性的开发为主要考量。这三大重点将为下一步的创新举措铺平道路。

执行抓手三：针对目标客群的差异化创新

"简约创新"是基于对消费者的需求及痛点，针对性地开发可能的新产品特性及研究其开发成本，再通过调研验证消费者的喜好程度及购买意愿，挑选出高喜好度且符合获利目标的产品特性，挑选理想的特性，进入下一轮产品的规划。通过上一个抓手节省的成本，重新对消费者有高支付意愿的创新特性进行投资。这种做法的优点在于以消费者为中心做创新的设计开发，并能在高度

国际知名家电品牌利用"简约创新"成功突破困境。该品牌在中国市场有相当高的知名度，但受到日本及本土品牌的双重夹击：日系品牌凭借独特技术塑造了高端形象，巩固了高价格带的地位，即便对中国消费者并不太适用；而本土品牌又通过低价的"机海战术"抢占市场份额。该国际家电品牌锁定中高价格带，聚焦追求品质生活的消费客群，根据产品的外观和实用性，并结合消费者与家人互动等生活场景，对一系列产品简化了多余的规格特性，提高了设计感，加强了主要功能。上市后此品牌的销售进入市场前四位，毛利率提升了3.5%。

竞争的市场中达到差异化且赢利。

以上三大抓手解决了执行层面的问题，品牌商只有从流程、组织及文化层面进行根本性改造，才能真正将简约创新固化为公司DNA。

改造根基之一：持续整合创新兼具成本优化的快速流程

要在消费者中建立品牌形象，必须长期做到简约创新的差异化。为此，品牌商应将简约创新整合到产品开发流程之中，同时将设计开发流程缩短50%。以消费性电子产品为例，通常以每年为开发周期单位，则必须缩短至6个月才能保持竞争力。这代表着审慎检验现有开发流程，并思索简化及舍弃的可能做法。同时品牌商应持续搜集相关重点信息，包括消费者需求的了解、竞争产品的分析、跨产业链已有的新技术，以及可能的创新选项。

改造根基之二：将以消费者为中心的思维深植于组织文化

过去，品牌商的创新多由工程思维所主导。现在，为了实现市场差异化，创新应尽快转化为以消费者为中心的思维，也就是所谓的设计思维（Design Thinking），并同时在组织内部设立长期收集监控消费者趋势及反馈的功能单位，持续将收集的洞见导入产品设计的流程输入之中，固化为组织文化的一部分。

· · ·

面对不断演变的中国消费品市场，品牌制造商可考虑采取"简约创新"，通过强调针对客群需求，以最节约的成本设计出精简而必需的功能，以及实用价值高质量好的产品。我们建议，品牌制造商应把握好三大执行抓手，并做好两方面的根基改造，从而在未来的市场竞争中胜出。Ⓠ

陈美融为麦肯锡创新资深专家，常驻台北分公司；
Jean-Frederic Kuentz（林康隽）为麦肯锡全球资深董事合伙人，常驻台北分公司；
Thierry Chesnais（沈天瑞）为麦肯锡全球副董事合伙人，常驻香港分公司。

能力提升

正念整合、重心平衡
——整合式能力提升的两个故事

余天雯

> 整合式能力提升中的三股力量——领导力工作坊、教练（团队、一对一）、业务突破性项目相互融合，共同赋能于个人、团队和组织，实现长久的发展和健康的成长。

基于"正念整合、重心平衡"理念的整合式能力提升是知行合一、练心修身的商业道场，是从问题所有者需求的原点（直面并解决实际业务问题，个人、团队成长与组织健康协同发展）出发而形成的科学模式。在过去的5年间已有近30家在华大型民营、国有和外资企业引入整合式能力提升项目。它将解决问题的自主权交给问题所有者，激发个人内驱力和组织正能量，从而实现企业业绩增长和组织健康永续的发展，与此同时，组织个体也能够感受到更多的幸福感和成就感。

图 整合式能力提升有机结合理论与实践、逻辑与情怀、业绩与健康

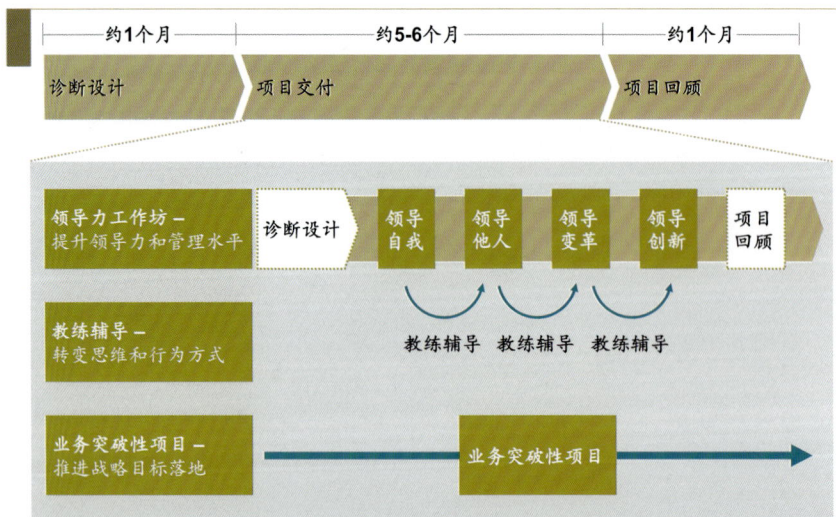

下面的两个真实故事分别反映了整合式能力提升的真实应用场景。

故事一：借由领导力工作坊塑造健康开放的企业文化和团队氛围，促进高管自我反思、提升领导力

某五星级酒店二楼会议室，十多位身着休闲装、神情放松的企业高管正在安静地绘画。完毕后，引导(促动)师张教练请大家将各自的作品放在会议室桌子上，大家有如在美术馆品鉴名家画作，不时发出笑声和称赞声。此时，一幅画吸引了大家的注意，画面正中有一艘乘风破浪的大船，远方是一望无垠的大海和散发着明亮光芒的灯塔，甲板上一位身形高大者正在掌舵，他的身后站着一些人，船舷上还挂着一些救生圈……

张教练邀请大家猜测这幅画的寓意，高管们纷纷表达："大船乘风破浪，象征着我们企业在变幻莫测的行业变局中勇敢前行"，"灯塔代表方向"，"掌舵者代表企业的最高领导者，后面的人代表团队合作"……，突然有人问道："救生圈代表什么呀？"

这时，教练请画作主人陈总解释："救生圈代表风险控制，包含财务成本控制以及日常管理中的风险把控。我们既要有远大的目标，果敢的领导者、上下同心的团队，同时还需要风险防范意识，这艘船才能航行得又快又稳！"教练问："大家觉得陈总的分享如何？""太棒了，思考得非常全面！"

以上场景是我们为一家规模（年销售额）数百亿元人民币的中国民营房地产企业高层设计的"我与公司的未来"主题绘画与互动分享活动，这是为期两天的"正念领导力-领导他人"工作坊的一个重要环节。工作坊的引导师/教练借助主题绘画、企业剧场、深度汇谈、案例研讨等丰富有趣的形式，从"意义、视角、关系、能量、行动"五个维度，与一群经验丰富的企业高管深度探讨卓越领导者的内在状态、思维模式与行为方式，引导高管不断自我反思、相互诘问、分享与讨论……在领导自我和他人、组织、变革、创新等一系列工作坊之中，从"诚意、正心"之正念出发，对个人、团队、企业乃至行业进行深度解读与剖析，共同塑造真诚开放的沟通氛围和集思广益的团队文化。与此同时，理论与实践、经验与顿悟、理智与情感，都在进行着自然的整合与平衡，好似一曲美妙动听的交响乐。

革。政策性调整将会是渐进式的，基本上是进一步推进2016年的调控措施。但是到2017年下半年，消费增速可能难以达到GDP的增长预期，从而会进一步刺激靠债务融资的基础设施支出和房地产建设，这也使得下半年的中国经济更加跌宕起伏。Ⓠ

请至www.mckinseychina.com阅读完整版预测。

Gordon Orr 从麦肯锡全球资深董事合伙人一职荣誉退休，现任麦肯锡外部资深顾问。本文仅代表欧高敦个人观点。

McKinsey Quarterly

2008

《领导力与创新》

《中国的全球挑战》

《应对气候变化》

《女性与领导力》

2009

《危机：管理的新时代》

《医疗改革从何入手》

《政府与商界：新时期新规则》

《争夺亚洲消费者》

2010

《剧变时期的战略与领导力》

《明察战略决策偏见》

《如何在重新平衡的全球经济中竞争》

《非洲：经济增长的新大陆》

《十大技术趋势改变商业模式》

2011

《2011议程构想》

《如何重启增长》

《乐观的中国消费者》

2012

《创新中国》

《社交媒体与新消费时代》

《建设世界级的中国企业》

《城市化的中国：机遇与挑战》

2013

《识时变 驭天下：修炼新时代领导力》

《中国新篇章》

《颠覆性技术与商业趋势》

《大数据：你的规划是什么？》

2014

《制造业复兴》

《决胜数字时代》

《管理：下一个50年》

《探路数字转型》

2015

《正念领导力》

《启航"一带一路"》

《提高你的"数字商"》

《重塑客户体验》

2016

《弄潮新消费》

《敏捷组织》

《中国工业4.0之路》

《中国房地产：越冬取胜》

2017

《跨境并购：迷思与真相》

上海

麦肯锡公司上海分公司

上海市湖滨路168号

企业天地3号楼20楼

邮编：200021

电话：(86-21)6385-8888

传真：(86-21)6385-2000

香港

麦肯锡公司香港分公司

香港中环花园道3号

中国工商银行大厦40楼

电话：(852)2868-1188

传真：(852)2845-9985

深圳

麦肯锡公司深圳分公司

深圳市福田区中心四路

嘉里建设广场第三座13楼26室

邮编：518000

电话：（86-755）3397 3300

北京

麦肯锡公司北京分公司

北京市朝阳区光华路1 号

嘉里中心南楼19 楼

邮编：100020

电话：(86-10)6561-3366

传真：(86-10)8529-8038

台北

麦肯锡公司台北分公司

台北市信义路五段七号47 楼

邮编：110

电话：(886-2)8758-6700

传真：(886-2)8758-7700